Kerstin Stefanie Rothenbächer

AF285818

Ich suche den Himmel

Copyright © 2019
Kerstin Stefanie Rothenbächer
Herstellung und Verlag:
BoD- Books on Demand, Norderstedt

Bibliografische Information der Deutschen Nationalbibliothek

Die Deutsche Nationalbibliothek verzeichnet diese Publikation in der Deutschen Nationalbibliografie; detaillierte bibliografische Daten sind im Internet über http://dnb.d-nb.de abrufbar.

ISBN 9783837014211

Gewidmet

meinem einzigen Traum

Es

Es hat mich eingeholt.
Ich hätte nie gedacht,
es macht mir etwas aus
-   ich hab darüber gelacht.

Es fängt mich ein
und hält mich wach,
lässt mich nicht gehen
etwas in mir zerbrach.

Jetzt seh´ ich deutlich,
was es macht mit mir.
Wie konnte das geschehen?
Es verbindet mich mit Dir.

Mein Stolz ist hin,
mein Herz davon,
was ist zu retten?
Du hast mich schon…

Natürlich

Phantastische Sterne in der Nacht haben uns
zusammengebracht.

Der Mondschein bis zum Morgen dann
ließ uns küssen stundenlang.

Der Morgen brachte den herrlichsten Tag,
an den ich mich erinnern mag.

Die Tage folgten – so wunderschön,
konnten selbst auf Wolken gehen.

Blitze, Donner und Regen
brachten uns ihren Segen.

Wir wissen, dass es so immer bleibt
bis ans Ende der Zeit.

Feuer

Du sitzt davor
und schaust hinein.
Es wärmt Dich,
macht Dich glücklich.

Du spürst es in Dir,
wenn Du mit ihm zusammen bist.
Es hält Dich gefesselt,
macht Euch glücklich.

Es zerstört auch,
es tut weh,
pass auf –
komm ihm nicht zu nah!

Zärtlichkeit

Es gibt `ne Melodie
tausend schöne Klänge,
die verlässt Dich nie,
geht durch alle Gänge.

Es gibt ein Licht
tausend helle Strahlen,
das niemals erlischt
trotz all Deiner Qualen.

Es gibt einen Halt
tausend feste Flächen,
Dir wird nie mehr kalt,
wirst nicht dran zerbrechen.

Es gibt ein Gefühl
tausend liebe Sachen,
das Dich fest umhüllt,
lässt Dich wieder lachen.

Liebend gern

Ahnungslos rannte ich
in mein Glück.
Und ich will nie mehr zurück.

Ohne Ziel landete
ich bei Dir.
Und ich bleib für immer hier.

Unbemerkt stahl
ich Dein Herz.
Es bereitet Dir keinen Schmerz.

Ungewollt prallte ich in Dein Leben.
So was wie Dich
hat es für mich noch nie gegeben.

Liebend gern
behalte ich Dich.
Denn Deine Liebe ist für mich.

Nur Du

Wenn die Sonne scheint,
denk ich an Deine Augen
-    sie strahlt so weich wie sie.

Wenn die Blumen blühen,
denk ich an Dein Wesen
-    sie sind so schön wie Du.

Wenn die Glocken läuten,
denk ich an Deine Worte
-    sie klingen so stark wie Du.

Wenn die Zeit vergeht,
denk ich an Deine Liebe
-    denn sie hält nie an.

DAS

Ich kann seit Wochen
nur daran denken.
Meine ganzen Gedanken
nur daran verschwenden.

Mein Herz pocht ganz
allein nur dafür.
Nichts ist mehr
normal bei mir.

Jede Minute, Sekunde
der Zeit
gibt es nur das
weit und breit.

Es schleicht in
meine Träume hinein.
Es lässt mich
nie mehr allein.

Es ist einfach
wundervoll.
DAS bist Du,
und Du bist toll!

Zu spät

Ich höre noch immer Deine Stimme,
sie sagt: Du hast mich nie gemocht!
Jetzt, wenn ich allein bin,
weiß ich, ich mochte Dich doch.

Ich spüre immer noch Deine Nähe,
weich und warm: so warst Du.
Jetzt, wenn Du weg bist,
finde ich keine Ruh´!

Ich sehe immer noch Deine Augen,
ehrlich und treu – liebevoll.
Jetzt, wenn es zu spät ist,
weiß ich, Du warst toll.

Ich fühle immer noch Deine Liebe
und brauche sie jetzt sehr.
Jetzt, wenn ich Dich liebe,
habe ich Dich nicht mehr.

Ich hatte Dich

Ich habe Dich
schon so lang gesucht.
Dein Bild aus
meinem Herz verflucht.

Ich habe seit
so vielen Stunden
nur Dich in
meinem Kopf gefunden.

Ich habe schon
alle Tränen geweint.
Dich gehasst
und Liebe gemeint.

Ich habe Dich
gefragt zuvor,
wohin geht das,
was ich verlor?

Ich habe die Antwort
nicht gehört.
Was ist Dir
mein Herz noch wert?

Ich hatte nur eines,
ich hatte nur Dich.
Doch Deine Liebe,
die hatte ich nicht.

Heiß

Sich ohne Worte zu verstehen.
Berührungslos
Hand in Hand zu gehen.

Trocken in Augen untertauchen.
Sich beiläufig
zu brauchen.

Gefühle mit der Seele lesen.
Heiß und kalt
ist es gewesen.

Berührung wie ein Blitz getroffen.
Allein vor Glück
wie besoffen.

Die Welt erobern für Dich.
Glaub mir,
ich verliebe mich.

Ich liebe und liebe

Ich liebe,
ich sehe Schneeflocken,
die mit meiner Seele
um die Wette tanzen.

Ich liebe,
ich lache über den Regen,
der mich traurig machen will
und es nicht schafft.

Ich liebe,
ich fühle Deine Augen
auf meinem Leben
und genieße es.

Ich liebe,
ich fliege mit den Wolken
durch den ganzen Himmel,
um Dich zu erreichen.

Ich liebe,
mit ganzem Herzen.
Es macht mich glücklich,
dass Du mich liebst.

Du bist es

Du bist so gut
und lieb zu mir.
Mehr als Liebe
schenk´ ich Dir.

Deine Stärke
hilft mir auf.
Ich bleib bei Dir,
vertraue darauf.

Du bist es,
der mein Leben macht.
Nur Du bist,
wer mir Mut zulacht.

Deine Küsse
verwirren meinen Verstand.
Nur Du hältst
mein Glück in der Hand.

Dir würd´ ich
in die Hölle folgen.
Und selbst dort
schwebt´ ich auf Wolken.

Für Dich gäb´ ich mein Leben,
treu will ich Dir sein.
Viel kann ich nicht geben,
doch mein Herz ist Dein.

Viel zu oft

Viel zu oft
bin ich verschwunden
in Gedanken
rund um Dich.

Und der Tag
dreht seine Runden.
Nur die Zeit
läuft jetzt für mich.

Viel zu lang
musst ich ertragen
Deinen Hass,
der für mich war.

Und jetzt endlich
kann ich es wagen,
zu bemerken:
ich bin da!

Viel zu viel
hab ich geliebt
und verwöhnt
Deine Person.

Und nun sehe ich,
wer gibt.
Tut mir leid,
ich habe schon.

Vergangen

Wenn ich Dich
nur erreichen könnte.
So weit, wie Du
von mir entfernt bist.

Es erscheint mir
fast unmöglich,
Dich in meine Arme
zu nehmen, festzuhalten.

Wenn ich Dich
zu mir holen könnte.
Nahe bei Dir sein,
Deine Wärme spüren.

So weit von mir
wie die Sterne am Himmel,
die uns leuchteten
und die jetzt über mich lachen.

Wenn ich nur das Glück
zurückholen könnte.
Unser Glück,
das an nichts zerbrechen sollte.

Schrecklich, daran zu denken,
wie schlecht es mir ging,
bevor Du und mein Leben
zu mir zurückkamen.

Zeig mir

Zeig mir die Sonne,
die einmal
in meinem Herzen wohnte.

Zeig mir die Sterne,
die meine Seele
immer wärmten.

Zeig mir mein Leben,
das immer so
glücklich verlief.

Zeig mir meine Liebe,
die jetzt so
fern von mir ist.

Zeig mir meinen Himmel,
der mich einfach
verlassen hat.

Zeig mir Deine Augen,
die mich an den Anfang
zurückführen.

Von Dir

Von Dir geküsst
und später dann
umarmt in Sehnsucht
stundenlang.

Von Dir berührt
wie ein Donnerschlag
trifft mein Herz
Tag für Tag.

Von Dir geliebt
die ganze Nacht.
Glück und Freude
geträumt und gelacht.

Von Dir gehalten
starke Hand in meine.
Keine Frage,
Du bist der Eine.

Von Dir verlassen
zerbricht meine Seele.
Träne um Träne
was soll ich Dir erzählen?

Dreh Dich um

Dreh Dich um.
Da stehe ich
allein, verletzt,
mit Tränen in den Augen.

Siehst Du Dich?
Spieltest meinen Helden.
Lüge um Lüge
für mein liebendes Herz.

Siehst Du mich?
Las´ Dir jeden Wunsch
von den Augen,
ohne etwas zu erwarten.

Siehst Du uns?
Hand in Hand
ohne zu wissen,
wie wir wirklich sind.

Dreh Dich um,
damit ich mein Leben
leben kann.
Ohne Dich!

Lass mich

Lass mich Dich lieben
und küssen jeden Tag.
Lass mich Dir zeigen,
wie sehr ich Dich mag.

Lass mich Dich streicheln
von Kopf bis Fuß und zurück.
Lass mich Dich spüren
jeden Augenblick.

Lass mich Dich sehen
in Traum und Wirklichkeit.
Lass mich bei Dir sein
für eine lange Zeit.

Lass mich in
Deine Augen sehen.
Lass mich Dich
einfach verstehen.

Lass mich in
Dein Herz hinein.
Lass mich, und Du
wirst in meinem sein.

Dunkel

Ich verliere mich
in der Kälte der Nacht,
die mich einhüllt
und nicht loslassen will.

Ich sehne mich
nach der Sonne,
die mein Leben war
und meine Liebe.

Ich fürchte mich,
weil ich hilflos bin.
Ein Schatten vom
längst vergangenen Glück.

Ich kann nichts tun,
es zurückzuholen,
um es aufzuheben,
tief in meinem Herz.

Ich weine,
auch wenn Du mich nicht
spüren kannst, so weit
wie Du von mir entfernt bist.

Ja

Ich werde für Dich da sein,
wenn kein anderer es ist.
Ich werde Dich trösten,
wenn Du traurig bist.

Ich werde Deine Heldin sein,
die für Dich kämpft.
Auch die, die Deine
Eifersucht dämpft.

Ich werde für Dich sorgen,
Dir Deine Freiheit lassen.
Ich werde Dir treu sein,
und auf Dich aufpassen.

Ich werde Dir geben,
was Dir gehört.
Ich werde Dich glücklich machen,
denn Du bist es wert.

Ich werde für Dich leben,
Deine Hände in meinen.
Ich werde für Dich sterben
und um Dich weinen.

Mein Lachen

Es ist zurück
endlich nicht mehr
auf der Strasse
nach nirgendwo.

Tief in meinem Herz
versteckt, verborgen.
Nur Du kannst
es lesen.

In meinen Augen,
die Dich anstrahlen.
Dir von ihm und
mir erzählen.

Es tut so gut,
so frei, so glücklich
und doch nicht
alleine zu sein.

Es ist zurück
und mit ihm
habe ich Dich gefunden,
um Dich lieben zu lernen.

Wenn Du mein Herz findest

Wenn Du
in meinen Augen liest,
bewahre mein Gefühl.

Wenn Du
zu den Sternen siehst,
erkenne ich so viel.

Wenn Du
meine Hände hältst,
bewahre meinen Traum.

Wenn Du in mein Leben fällst,
beherrsche ich mich kaum.

Wenn Du
fort von mir gehst,
ich möcht´ es nicht erleben.

Wenn Du
immer zu mir stehst,
werd´ ich Dir alles geben.

Du bist mein Traum

Ich zähle
die Regentropfen,
die kalt und feucht
auf mich fallen.

Tausende und doch
werde ich nicht nass.
Sie berühren
mich nicht.

Ich fühle es kaum,
aber es kommt wieder.
Die eisige Kälte
umschließt mein Herz.

Ich kann fast
nicht mehr atmen.
Die Angst schnürt
mir die Kehle zu.

Ich will davonlaufen,
mich verstecken.
Da holt es mich ein.
Du bist mein Traum!

Du bist

Du bist da.
Du – auf den
ich schon so lang
gewartet habe.

Du bist lieb.
Von Deiner Zärtlichkeit
träume ich auch
mit offenen Augen.

Du bist süß.
Männlicher Charme
- Du hast es
und mich hast Du auch.

Du bist mein,
gehörst zu mir.
Du zauberst mir
ein Lächeln auf die Lippen.

Du bist da
-    endlich da.
Ich liebe Dich,
weil Du da bist.

Verrückt nach Dir

Meine Augen
sehen Dich an.
Mein Kopf lässt
Dich nicht gehen.

Wie verrückt
man werden kann,
konnte ich bisher
nie verstehen.

Meine Hände halten
Dich fest.
Meine Träume
wollen bei Dir sein.

Wenn Du mich
nur lässt,
lass ich Dich
nicht allein.

Meine Liebe
drängt zu Dir.
Nichts hält
mich zurück.

Bist Du nur
gut zu mir,
das wäre
mein größtes Glück.

Du gehörst zu mir

Ich versinke
traumhaft, wunderschön.
Deine Augen
zeigen mir das Meer.

Ich falle,
und es tut so gut.
Ich gebe Dich
nicht mehr her.

Ich träume
Stunden, Tage lang.
Deine Hand
in der meinen.

Ich fühle,
bin so glücklich.
Ich muss nicht
mehr weinen.

Ich brauche Dich,
hab Dich so gern.
Mein Herz sehnt
sich nach Dir.

Ich lache
endlich wieder,
denn Du gehörst
zu mir.

Feige

Wie kann ich
es Dir nur sagen?
Bei Dir fühl ich mich gut.

Nicht trau ich
mich zu fragen,
dazu fehlt mir
der Mut.

Wie soll ich
Dir bloß zeigen,
Du wohnst
in meinem Herz?

Nichts und nichts
zu verschweigen,
zu schwer wäre
der Schmerz.

Wie müsste ich
es ertragen,
wär´ Dein Gefühl
nicht für mich.

Nicht dürft´ ich
mich beklagen,
gäb´ es eine
andere für Dich.

In Deiner Liebe

In meinen Armen
sollst Du sein.
In meinen Träumen
Du allein.

In meinen Augen
sollst Du versinken.
In meiner Zärtlichkeit
ertrinken.

In meinem Leben
sollst Du bleiben.
Mir die Zweifel
an Dir vertreiben.

In meine Welt
lass ich Dich gehen.
Du sollst meine
Liebe verstehen.

In meinem Herz
wohnst ganz allein Du.
Ich lass Dich nie raus,
das gebe ich zu.

Ich habe Dich

Ich habe Dich,
und doch bist Du nicht mein.
Ich habe Dich,
lässt mich nicht bei Dir sein.

Ich habe Dich,
ich suche die Liebe zu mir.
Ich habe Dich
und kenne so wenig von Dir.

Ich habe Dich,
doch Worte sind eben nur kalt.
Ich habe Dich,
Du hast mich in Deiner Gewalt.

Ich habe Dich,
kümmerst Dich nicht um mich.
Ich habe Dich,
und doch verlor ich Dich.

Kalt ohne Dich

Es war einmal ein Traum,
dann bin ich aufgewacht.
Und seitdem wünsche ich mir,
es werde wieder Nacht.

So kalt ist es da draußen,
dass meine Seele friert.
Doch ich kann nicht schlafen,
weil mein Traum immer verliert.

Ich fliege mit kaputten Flügeln,
doch so komme ich nicht weit.
Hilf mir zu meinem Traum zurück,
zurück zu Dir für alle Zeit.

Ich sah Dich

Ich sah Dich
Du – mein Glück.
Ich sah Dein Herz
und kam zurück.

Ich sah Dich
Du – meine Liebe.
Du bist ohne
Hass und Lüge.

Ich sah Dich.
Du – mein Verstand.
Und ich nahm
Dich bei der Hand.

Ich sah Dich.
Du – mein Leben.
Ich hab Dir
mein Herz gegeben.

Ich sah Dich.
Du – Dich und mehr.
Und ich geb
Dich nicht mehr her.

Ich fühle es

Ich fühle es,
so stark so fest
so tief in meinem Herz.

Ich fühle es,
wie es mich ausfüllt,
mich wieder lachen lässt.

Ich fühle es,
es ist wieder da
-    endlich wieder da.

Ich fühle es
und jetzt hat es
auch Zukunft.

Ich fühle es,
es ist schön,
weil Du es endlich auch fühlst.

In Deinen Träumen

Aus meinem Herz
so treibst Du fort.
In meinem Leben
hieltst Du Dein Wort.

Aus meiner Hand
wird Deine Seele kalt.
In meinen Augen
wurde sie nie alt.

Aus meinen Träumen
bist Du nun erwacht.
In meinem Herzen
hielt ich Dich Nacht für Nacht.

Aus meinen Lippen
sind Deine nun verbrannt.
In meiner Zukunft
hab ich Dich verbannt.

Aus voller Liebe
jetzt hasse ich Dich
In Deinem Leben
Du verlierst mich.

Mein ganzes Glück

Ich muss
meine Wünsche begraben,
mein treues Herz
vor Dir verschließen.

Ich muss
lernen, es zu ertragen,
wie Deine Arme
mich verstießen.

Ich muss
begreifen und verstehen.
Dein Herz ist
fern von mir.

Ich muss stark sein
und muss gehen
und sehne mich
doch so nach Dir.

So muss ich Dich
nun verbannen.
Mein Herz - es wird
zerbrochen sein.

Wie kann ich
nur neu anfangen?
Mein ganzes Glück
warst Du allein.

Aus der Dunkelheit

Stell mich ins Licht,
und ich folge Dir.
Bewundere mich,
ich gehöre Dir.

Träume von mir,
und ich werde wahr.
Achte mein Ich,
und ich bleibe da.

Sei mein Schatten,
und Du stehst im Licht.
Sei meine Wärme,
und Du erfrierst nicht.

Lass mich leben,
und ich bin Dein.
Lass mich Dich lieben
für mich ganz allein.

Dein

Dich kennen und verlieben,
Dich sehen und verzeihen.
Dich küssen und verlieren,
Dich träumen und verleihen.

Dir glauben und vertrauen,
Dir folgen und verbleiben.
Dir treu sein und verbunden,
Dir geben und vermeiden.

Dich treffen und verdienen,
Dich nehmen, wie Du bist.
Dich leben und Dich kriegen.
Wie meine Liebe ist…

Du bist mein Leben

Du bist mein Licht,
doch Du brennst nicht
in meiner kleinen Welt.

Du bist mein Weg,
doch führst Du nicht,
wohin es mir gefällt.

Du bist mein Herz,
doch klopfst Du nicht
für mich ganz allein.

Du bist mein Wunsch,
doch Du willst nicht
für immer bei mir sein.

Du bist meine Sonne,
doch kalt und klar
scheinst Du nur für mich.

Du bist mein Traum
und niemals wahr
für mein „Ich liebe Dich".

Mein Leben

Mein Leben ist Leben,
seit es Dich gibt.
Es ist schön zu geben,
ich liebe, Du liebst.

Mein Herz bangt um Dich
und gibt niemals Ruh.
Es ist schwer für mich,
egal was ich tu.

Mein Leben ist Qual,
seit es Dich gibt.
Ich habe keine Wahl.
Ich sterbe, Du liebst.

Mein Herz lässt mich denken,
verwirrt meinen Verstand.
Gefühle zu lenken,
hab ich nie gekannt.

Mein Leben ist Liebe,
mein Sterben für Dich.
Wenn ich Dich nicht kriege,
ich liebe, Du nicht.

Ich seh Dich an

Du siehst mich an,
ich werde schwach
und liege jeden Abend wach.

Du siehst mir zu,
ich kann nichts mehr,
geb mein ganzes Ego her.

Du siehst in mich,
ich leg alles klar.
Nichts ist, wie es vorher war.

Ich seh Dich,
wie Träume sind,
warum nur macht Liebe blind?

Hilf mir

Ich will raus hier,
sehe kein Licht,
weit und breit kein Glück.

Ich bin allein
nur Dunkelheit,
kann weder vor noch zurück.

Ich ertrink, verbrenne,
alles ausgelöscht in mir,
hab schon so oft verloren.

Ich bin einsam mit mir,
niemand da für mich,
jeder gegen mich verschworen.

Ich suche Dich,
Du nur kannst es sein,
rettest mich aus diesem Leid.

Ich finde Dich,
verliebe mich
nur Träume meiner Zeit.

Ich bin allein

Ich sehne mich
hin zu Dir,
doch ich bin allein.

Du gehst raus
aus meiner Tür,
muss ich traurig sein.

Ich trauere
Deinem Herzen nach,
verdammt mich einsam hier.

Gab ich nicht
auf Deines Acht,
muss ich Dich verlieren.

So lang schon

So lang schon
warte ich auf Dich.
Kann nicht mehr,
zuviel für mich.

Ich möchte in
Deinen Armen sterben,
in Deinen Augen
mich verbergen.

Ich will Dich,
will bei Dir sein.
Bin doch hier
verdammt allein.

So lang schon
Wünsche werden wahr.
So lang schon
endlich bist Du da.

In Deine Arme

Ich sehe in Deine Augen,
Wärme und Geborgenheit.
Du machst mich verrückt,
Deine Zärtlichkeit.

Ich fühle Deine Blicke,
zieh mich für Dich aus.
Wünsche Dich zu mir,
komme da nicht raus.

Ich fließ in Deine Augen,
träume Dich herbei.
Du hast mich verzückt,
doch es geht vorbei.

Ich fühle Deine Hände,
hoffe, er sieht es nicht.
Er steht zwischen uns,
denn er hat mich.

Ich sehe Dich

Ich sehe Dich vor meiner Tür,
warum kommst Du nicht herein?
Ich sehe Dich, Du wirst doch nicht zu
schüchtern dafür sein?

Ich sehe Dich, Du zögerst noch.
Der Schritt fällt Dir nicht leicht.
Ich sehe Dich, trittst Du nur ein,
hast Du so viel erreicht.

Ich sehe Dich, Du klopfst schon an, doch
ich öffne nicht.
Ich sehe Dich, doch brauchst Du noch so
viel Stärke für mich.

Ich sehe Dich,
Du willst schon gehen
und drehst Dich noch mal um.
Ich sehe Dich und halt Dich auf,
wer weiß es nur, warum?

Es gab Liebe

Es gab Tage voller Wärme.
Es gab Stunden ohne Scham.
In Gedanken waren wir ferne,
und sieh wie es kam.

Es gab Nächte ohne Sterne.
Es gab Liebe voller Tränen.
Wir vergaßen allzu gerne,
uns nach uns zu sehnen.

Es gab Abschied voller Bosheit.
Es gab Worte Lügen gleich.
Mein Leben in Traurigkeit.
Mit Dir war ich reich.

Es gibt Dich in meinem Traum.
Es gibt uns noch, hoffe ich.
Ist in Deinem Herz noch Raum
für mein „Ich liebe Dich"?

Tränen in meinen Augen

Tränen in meinen Augen,
Du willst von mir gehen.
Kann Dich nicht behalten,
werde es nicht verstehen.

Tränen in meinem Leben,
träumte viel zu viel.
Kannte nie Deine Liebe,
war für Dich nur ein Spiel.

Tränen in meinen Augen,
Vergangenheit für mich.
Wenn ich endlich fühle,
ich vergesse Dich.

Es kommt zurück

Du und ich,
das war einmal.
Diese Tür ist zu.

Tief so tief
war unser Fall.
Aus, vorbei im Nu.

Doch wenn Du mich so berührst,
wenn Du mich hältst im Arm.
Wenn ich Dich küsse,
dann fühle ich mich wieder warm.

Jedes böse Wort
von Dir
forderte mich heraus.

Du warst vergessen,
warst Du erst
aus dem Haus.

Doch falls ich Dich so berühre,
falls ich Dich halte im Arm.
Falls Du mich küsst,
dann schlägt wieder Alarm.

Alle Tränen
versiegten immer
schneller bei mir.

Ohne Dich
war so viel
Stärke in mir.

Doch wenn Du mich so berührst,
wenn ich Dich halte im Arm.
Wenn Du mich so küsst,
fühle ich mich wieder warm.

Wenn Du nur so vergisst,
wenn ich nur so verzeih.
Wenn Du wieder bei mir bist,
dann ist vorbei endlich vorbei.

Wahr

Ich habe Dich schon
oft gesprochen,
Dir mein Herz
offen dargelegt.

Ich habe Dir
immer zugehört,
geheime Wünsche
nur weggefegt.

Ich habe Dich
in meinem Herz verschlossen,
war noch nicht
frei für Dich.

Ich habe Dich
in mein Leben geträumt.
Kann es sein,
Du fühlst wie ich?

Ich habe Dich
an die Hand genommen,
von allen Ketten
mich befreit.

Ich habe Dich,
endlich ist es wahr.
Ich liebe Dich
schon so lange Zeit.

Eine Nacht

Ein Blick,
der mein Herz wärmt.
Ein Arm,
der mich festhält.

Eine Berührung,
die Schauer bringt.
Ein Mann,
der mir gefällt.

Eine Begegnung,
mir ein Wunder.
Ein Gefühl,
wie ich es vermisst.

Ein Kuss,
von dem ich träumte.
Nur Du,
der meine Liebe ist.

Viel zu schön

Mein einziger Freund
- Du bist mein Licht.
Nie so wahr geträumt,
ich erwache nicht.

Meine einzige Flucht,
nur hin zu Dir.
Du bist meine Sucht,
bleib doch bei mir.

Mein einziger Halt
- Du bist mein Begehr.
So heiß und kalt
ich will noch mehr.

Meine einzige Liebe
nur Du für mich.
Dass ich Dich kriege,
viel zu schön für mich.

Wenn Wünsche sich erfüllen

Wenn die Sonne scheint
tief in meinem Herz,
werde ich nicht traurig sein.

Wenn das Glück
für mich beginnt,
sind wir nie wieder allein.

Wenn meine Träume
wirklich werden,
dann bist das nur Du.

Wenn mein Regenbogen
für mich tanzt,
hört meine Seele Dir zu.

Wenn ich mein
Licht sehen kann,
enden alle Grausamkeiten.

Wenn Du aus dem
Dunkel kommst,
bleib bei mir für alle Zeiten.

Geb´ Dich nicht mehr her

Zu Dir zieht es mich hin
an jedem Tag.
Und das tut es nur,
weil ich Dich mag.

In Deinen Augen
lese ich mein Glück.
Ich brauche Deine Wärme,
Du machst mich verrückt.

Du bist für mich da,
wenn ich hilflos bin.
Du gibst meinem Leben
den schönsten Sinn.

Du willst mich beschützen
vor Bösem und Leid.
Du bist frei von Lüge,
von Hass und von Neid.

Für Dich geb´ ich alles,
ich brauche Dich sehr.
Ich liebe Dich und
geb´ Dich nicht mehr her.

Aktuelle Gedichte und Infos findet Ihr unter

https://traumvondir.hpage.com

Alles über den Glitzerseewald erfahrt ihr hier:

https://www.glitzerseewald.de

Auf Wunsch erhaltet Ihr Euer Buch auch signiert.

Viel Spaß beim Lesen!

Für
Dich

Kerstin Stefanie Rothenbächer

Mein Traum
von   Dir

Kerstin Stefanie Rothenbächer

Bleib bei mir

Kerstin Stefanie Rothenbächer

Mein Weg zu Dir

Kerstin Stefanie Rothenbächer

Komm in
meine Welt

Kerstin Stefanie Rothenbächer

Der Glitzerseewald

Unter Verdacht

Kerstin Stefanie Rothenbächer

Der Glitzerseewald

Hinter der Maske

Kerstin Stefanie Rothenbächer

Der Glitzerseewald

Feuer und Eis

Kerstin Stefanie Rothenbächer